AF268174

Y+

CANTIQUES

A L'USAGE DES CATÉCHISMES,

DE LA

PAROISSE SAINT JEAN-BAPTISTE

DE BELLEVILLE,

DIOCÈSE DE PARIS;

IMPRIMÉS PAR LES SOINS

de Charles-Isidore Dumoitiez,

Curé de Belleville.

PARIS.

IMPRIMERIE D'AD. LE CLERE ET Cie,

QUAI DES GRANDS AUGUSTINS, N° 35.

1829.

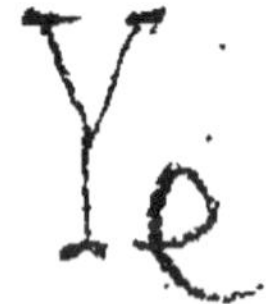

CANTIQUE

AVANT LE CATÉCHISME.

Afin d'être docile et sage,
Seigneur, donnez-moi votre esprit,
Pour apprendre, selon mon âge,
Les vérités de Jésus-Christ.

Esprit saint, faites-moi comprendre
Ce que vous allez m'expliquer ;
Ce n'est pas assez de l'apprendre,
Faites-le-moi bien pratiquer.

Enseignez-moi, dès mon bas âge,
A servir Dieu fidèlement ;
Que ce soit mon apprentissage,
Pour l'aimer éternellement.

CANTIQUE

APRÈS LE CATÉCHISME.

Seigneur, je vous rends mille grâces
De vos saintes instructions :
Sur moi, pour les rendre efficaces,
Versez vos bénédictions.

Puisqu'on est d'autant plus coupable
Qu'on sait et ne fait pas le bien,
Seigneur, rendez-moi plus capable,
Afin que je sois plus chrétien.

Vive Jésus, vive Marie !
Que tous deux vivent dans mon cœur !
Vivre pour eux, dès cette vie,
C'est commencer notre bonheur.

CANTIQUE
SUR LA PASSION DE N. S. J. C.

AIR : *Dans un jardin solitaire.*

Au sang qu'un Dieu va répandre,
Ah ! du moins mêlez vos pleurs,
Chrétiens, qui venez entendre
Le récit de ses douleurs ;
Puisque c'est pour vos offenses
Que ce Dieu souffre aujourd'hui,
Animés par ses souffrances,
Vivez et mourez pour lui.

Dans un jardin solitaire,
Il sent de rudes combats ;
Il prie, il craint, il espère ;
Son cœur veut et ne veut pas :
Tantôt la crainte est plus forte,
Et tantôt l'amour plus fort ;
Mais enfin, l'amour l'emporte,
Et lui fait choisir la mort.

Judas, que la fureur guide,
L'aborde d'un air soumis ;
Il l'embrasse, et ce perfide
Le livre à ses ennemis.
Judas, un pécheur t'imite,
Quand il feint de l'apaiser ;
Souvent sa bouche hypocrite
Le trahit par un baiser.

On l'abandonne à la rage
De cent tigres inhumains ;
Sur son aimable visage
Des soldats portent leurs mains :
Vous deviez, Anges fidèles,
Témoins de ces attentats,
Ou le mettre sous vos ailes,
Ou frapper tous ces ingrats.

Ils le traînent au grand-prêtre,
Qui seconde leur fureur,
Et ne veut le reconnoître
Que pour un blasphémateur :
Quand il jugera la terre,
Ce Sauveur aura son tour ;
Aux éclats de son tonnerre
Tu le connoîtras un jour.

Tandis qu'il se sacrifie,
Tout conspire à l'outrager;
Pierre lui-même l'oublie,
Et le traite d'étranger :
Mais Jésus perce son ame
D'un regard tendre et vainqueur,
Et met, d'un seul trait de flamme,
Le repentir dans son cœur.

Chez Pilate, on le compare
Au dernier des scélérats;
Qu'entends-je? ô peuple barbare,
Tes cris sont pour Barabbas.
Quelle indigne préférence!
Le juste est abandonné;
On condamne l'innocence,
Et le crime est pardonné.

On le dépouille, on l'attache;
Chacun arme son courroux :
Je vois cet Agneau sans tache
Tombant presque sous les coups.
C'est à nous d'être victimes,
Arrêtez, cruels bourreaux;
C'est pour effacer nos crimes,
Que son sang coule à grands flots.

Une couronne cruelle
Perce son auguste front :
A ce chef, à ce modèle,
Mondains, vous faites affront :
Il languit dans les supplices,
C'est un homme de douleurs ;
Vous vivez dans les délices,
Vous vous couronnez de fleurs.

Il marche, il monte au Calvaire,
Chargé d'un infâme bois ;
De là, comme d'une chaire,
Il fait entendre sa voix :
Ciel, dérobe à la vengeance
Ceux qui m'osent outrager ;
C'est ainsi, quand on l'offense,
Qu'un chrétien doit se venger.

Une troupe mutinée
L'insulte et crie à l'envi :
S'il changeoit sa destinée,
Nous croirions tous en lui.
Il peut la changer sans peine,
Malgré vos nœuds et vos clous ;
Mais le nœud qui seul l'enchaîne,
C'est l'amour qu'il a pour nous.

Ah ! de ce lit de souffrance,
Seigneur, ne descendez pas.
Suspendez votre puissance,
Restez-y jusqu'au trépas :
Mais tenez votre promesse,
Attirez-nous près de vous ;
Pour prix de votre tendresse,
Puissions-nous y mourir tous !

Il expire, et la nature
Dans lui pleure son auteur ;
Il n'est point de créature
Qui ne marque sa douleur :
Un spectacle si terrible
Ne pourra-t-il me toucher ?
Et serois-je moins sensible
Que n'est le plus dur rocher ?

CANTIQUE
A LA SAINTE VIERGE

Air : *Il pleut, il pleut.....*

Adressons notre hommage
A la reine des cieux ;
Elle aime de notre âge
La candeur et les vœux.
Du beau nom de Marie
Faisons tout retentir :
Qu'elle-même attendrie
Daigne nous applaudir.

Tout ici parle d'elle,
Elle règne en ces lieux.
Nous croissons sous ses ailes,
Nous vivons sous ses yeux.
Cet autel est le trône
D'où coulent ses faveurs,
Et Dieu, son fils, lui donne
Tous ses droits sur nos cœurs.

Pour nous qu'elle rassemble
Au pied de son autel,
Jurons-lui tous ensemble
Un amour éternel.
Marie est notre mère,
Nous sommes ses enfans ;
Consacrons à lui plaire
Le printemps de nos ans.

O Vierge sainte et pure,
Notre cœur, dès ce jour,
Vous promet et vous jure
Un éternel amour.
Nous voulons avec zèle
Imiter vos vertus :
Vous êtes le modèle
Qui nous convient le plus.

Protégez-nous sans cesse
Dès nos plus tendres ans ;
Guidez notre jeunesse,
Veillez sur vos enfans :
Et parmi les orages
D'un monde séducteur,
Sauvez-nous des naufrage
Où périt la pudeur.

DIALOGUE

ENTRE DIEU ET LE PÉCHEUR.

AIR : *Pourquoi vouloir.*

DIEU.

Reviens, pécheur, à ton Dieu qui t'appelle ;
Viens au plus tôt te ranger sous sa loi,
Tu n'as été déjà que trop rebelle,
Reviens à lui, puisqu'il revient à toi.

LE PÉCHEUR.

Voici, Seigneur, cette brebis errante,
Que vous daignez chercher depuis long-temps.
Touché, confus, d'une si longue attente,
Sans plus tarder, je reviens, je me rends.

DIEU.

Pour t'attirer, ma voix se fait entendre ;
Sans me lasser, partout je te poursuis ;
D'un Dieu, pour toi, du père le plus tendre,
J'ai les bontés, ingrat, et tu me fuis.

LE PÉCHEUR.

Errant, perdu, je cherchois un asile,
Je m'efforçois de vivre sans effroi,
Hélas! Seigneur, pouvois-je être tranquille,
Si loin de vous, et vous si loin de moi?

DIEU.

Attraits, frayeurs, remords, secret langage,
Qu'ai-je oublié dans mon amour constant?
Ai-je pour toi dû faire davantage?
Ai-je pour toi dû même en faire autant?

LE PÉCHEUR.

Je me repens de ma faute passée;
Contre le ciel, contre vous j'ai péché;
Mais oubliez ma conduite insensée,
Et ne voyez en moi qu'un cœur touché.

DIEU.

Si je suis bon, faut-il que tu m'offenses?
Ton méchant cœur s'en prévaut tous les jours,
Plus de rigueur vaincroit tes résistances;
Tu m'aimerois, si j'avois moins d'amour.

LE PÉCHEUR.

Que je redoute un juge, un Dieu sévère!
J'ai prodigué des biens qui sont sans prix,
Comment oser vous appeler mon père?
Comment oser me dire votre fils?

DIEU.

Marche au grand jour que t'offre ma lumière;
A sa faveur tu peux faire le bien;
La nuit bientôt finira ta carrière,
Funeste nuit, où l'on ne peut plus rien !

LE PÉCHEUR.

Dieu de bonté, principe de tout être,
Unique objet digne de nous charmer,
Que j'ai long-temps vécu sans vous connoître !
Que j'ai long-temps vécu sans vous aimer !

DIEU.

Ta courte vie est un songe qui passe,
Et de la mort le jour est incertain :
Si j'ai promis de te donner ta grâce,
T'ai-je jamais promis le lendemain ?

LE PÉCHEUR.

Votre bonté surpasse ma malice,
Ah ! pardonnez ce long égarement ;
Je le déteste, il fait tout mon supplice,
Et pour vous seul j'en pleure amèrement.

DIEU.

Le ciel doit-il te combler de délices
Dans le moment qui suivra ton trépas ?
Ou bien l'enfer t'accabler de supplices ?
C'est l'un des deux, et tu n'y penses pas.

LE PÉCHEUR.

Je ne vois rien que mon cœur ne défie,
Malheurs, tourmens, ou plaisirs les plus doux.
Non, fallût-il cent fois perdre la vie,
Rien ne pourra me séparer de vous.

SENTIMENS DE PÉNITENCE.

AIR : *Triste raison.*

De ce profond, de cet affreux abîme
Où je me suis imprudemment jeté,
Le cœur brisé du regret de mon crime,
J'ose implorer, Seigneur, votre bonté.

Prêtez l'oreille à l'ardente prière,
Voyez les pleurs d'un enfant malheureux :
Quoique pécheur, il voit dans vous un père ;
Pouvez-vous être insensible à ses vœux ?

Si vous voulez, sans user de clémence,
Compter, peser, tous nos déréglemens,
Ah ! qui pourra, malgré son innocence,
Se rassurer contre vos jugemens ?

Mais vous aimez à vous rendre propice,
Et votre bras, toujours lent à punir,
Se plaît à voir désarmer sa justice ;
Heureux celui qui sait la prévenir !

Cette bonté dans mes maux me console ;
Et quoi qu'il plaise au Seigneur d'ordonner,
Je souffre en paix sur sa sainte parole :
Quand il nous frappe, il veut nous pardonner.

Ah ! qu'Israël en Dieu toujours espère,
Qu'il en réclame avec foi le secours ;
Ce Dieu puissant, son défenseur, son père,
Dans ses dangers le protégea toujours.

Entre les bras de sa miséricorde,
Avec tendresse il reçoit les pécheurs,
Et son amour, au pardon qu'il accorde,
Ajoute encor les plus grandes faveurs.

Peuple autrefois l'objet de sa vengeance,
Ne gémis plus sur ta captivité ;
Bientôt il va briser dans sa clémence
Tous les liens de ton iniquité.

FIN.